Quart Verlag Luzern Anthologie 34

Menzi Bürgler

T0344567

Menzi Bürgler
34. Band der Reihe Anthologie

Herausgeber: Heinz Wirz, Luzern
Konzept: Heinz Wirz; Menzi Bürgler, Zürich
Projektleitung: Quart Verlag, Antonia Wirz
Textlektorat Deutsch: Kirsten Rachowiak, München
Fotos: Bauarchiv Stadt Zürich, S. 25; Beat Bühler, Zürich S. 4,
6–9, 11, 13 rechts, 14–23, 36–41; Thilo Gruber, Zürich S. 48, 56;
Benjamin Hofer, Zürich S. 24, 26–29, 61; Christian Peter Imhof,
Zürich S. 60; Priska Ketterer, Luzern S. 12, 13 links; Rasmus
Norlander, Zürich S. 30–33, 35; SBB Historic, Windisch S. 42–43
Visualisierungen: Daniel Kapr, Zürich S. 50–55, 57, 59; nightnurse
images, Zürich S. 44–45, 47; Franco Pajarola, Zürich S. 58 rechts;
Studio 12, Luzern S. 49, 58 links
Grafische Umsetzung: Quart Verlag, Antonia Wirz
Lithos: Printeria, Luzern
Druck: DZA Druckerei zu Altenburg GmbH

ISBN 978-3-03761-146-3

English translations of the project descriptions
available at www.quart.ch

Quart Verlag GmbH
Denkmalstrasse 2, CH-6006 Luzern
www.quart.ch

Anthologie 34 – Notat
Heinz Wirz

Es fasziniert, die Arbeiten junger Architekten zu studieren und schliesslich in dieser Reihe der schwarzen Bändchen zu dokumentieren. Wir bemerken dabei die stille Leidenschaft für die Architektur, die dahintersteckt. Nicht selten – wie bei Oliver Menzi und Philippe Bürgler – wird diese Leidenschaft in der Ausbildung bei namhaften und charismatischen Architekten geweckt und genährt. So ist es dieser Broschurenreihe gegeben, bisweilen kleine Juwelen zu entdecken. Und sie offenbart die Interessensschwerpunkte der kommenden Architektengeneration.
Die beiden hier vorgestellten Zürcher Architekten beispielsweise verfolgen eine Strategie der leiseren Töne, die sie gekonnt spielen. So ist etwa die Sporthalle in Matzendorf nicht ein kompositorischer Kontrapunkt zur ländlichen Architektur des solothurnischen Jura. Mit dem sanft geneigten Giebeldach greift das Gebäude die Formensprache der umgebenden Bauten auf und fügt sich in die etwas unscheinbare Formenmelange ein, sodass damit die gesamte Siedlung aufgewertet wird. Kraft und Ausdruck schöpft das Gebäude aus den feingliedrigen Detailbildungen des Holzbaus und aus der eindrücklichen Einfachheit der Hallenkonstruktion. Der jüngst fertiggestellte neue Trakt der Schulanlage Felsberg in Luzern fügt sich raffiniert in den historischen Baumbestand ein. Drei Geschossschichten wachsen von unten nach oben an, sodass das Gebäude – zugunsten des mächtigen Wurzelwerks – mit einer kleinstmöglichen Fundation auskommt. Ein zentrales quadratisches, weitgehend geschlossenes Treppenhaus durchdringt wie ein innerer Turm das Gebäudevolumen. Es wird von einer pyramidalen Kuppel mit zentriertem Oberlicht überdeckt. Vier weitere pyramidenförmige Kuppeln belichten Gruppenräume und Nasszellen. Die Dachlandschaft erhält so eine ausgesprochen expressive Note. Insgesamt ist das Gebäude ein kleines Meisterwerk von Innenraumschöpfung, Gebäudestruktur, Einheit im Material und Präzision im Detail.

Luzern, im September 2016

Sanierung Schulanlage Felsberg, Luzern
Wettbewerb 2011, 1. Rang; Ausführung 2014–2016

Das denkmalgeschützte Arrangement des Luzerner Architekten Emil Jauch aus dem Jahr 1948 ist ein charakteristisches Quartierschulhaus, welches sich nordöstlich des Stadtkerns von Luzern auf einer terrassenartigen Anhöhe befindet. Die Schulanlage besteht aus drei Schultrakten mit insgesamt zwölf Klassenzimmern, einem Singsaal und einer Turnhalle. Das Ensemble wurde im Pavillonsystem erstellt, welches im Schweizer Schulhausbau in den 1950er-Jahren grössere Verbreitung fand. Eine wichtige Qualitätseigenschaft der Anlage ist die harmonische Integration der Baukörper in die örtliche Topografie. Die architektonische Konzeption und die kindgerechte Gestaltung orientieren sich im Wesentlichen an einer Moderne skandinavischer Prägung.

Das äussere Erscheinungsbild der Bauten blieb nach der Erneuerung erhalten, die Gebäudehüllen wurden jedoch energetisch optimiert. Die Umbau- und Sanierungsmassnahmen im Inneren verbinden die denkmalpflegerischen Zielsetzungen mit den räumlichen und technischen Anforderungen an einen zeitgemässen Schulbetrieb. Mittels einer Neuorganisation der Erdgeschossgrundrisse wurden die Bibliothek, das Lehrerzimmer und die Werkstatt jeweils einem der drei Gebäudetrakte zugeordnet. In den Obergeschossen erhielt die bestehende Einteilung der Klassenzimmer innerhalb des Fassadenrasters eine neue Gliederung. Der Singsaal und die Turnhalle wurden im Einklang mit den bestehenden Strukturen erneuert.

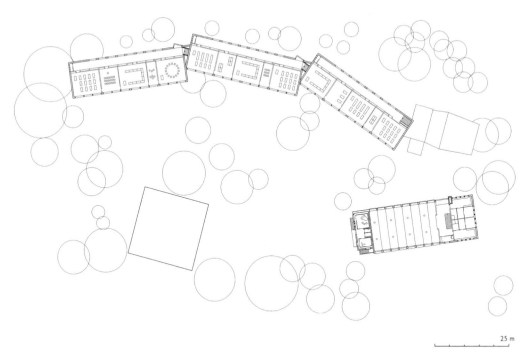

25 m

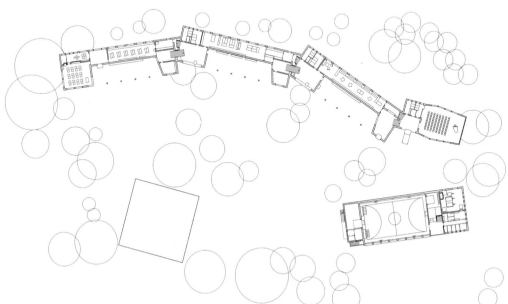

10

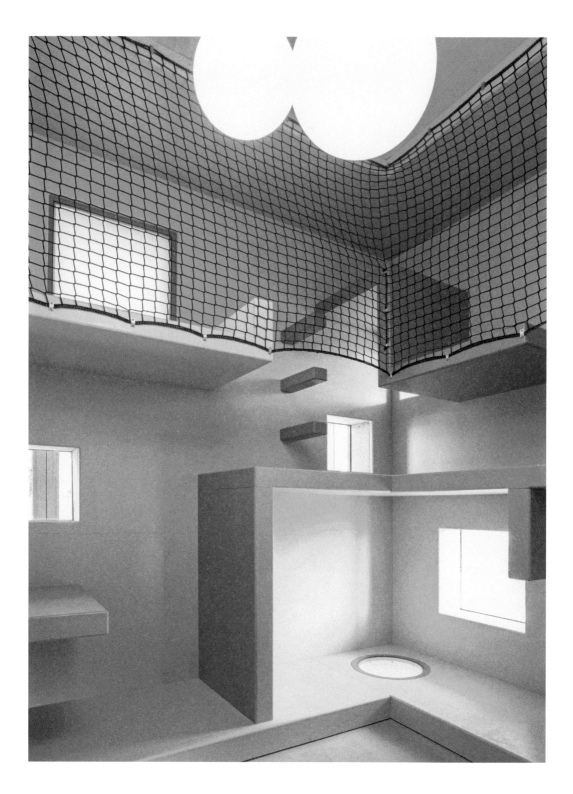

Erweiterung Schulanlage Felsberg, Luzern
Wettbewerb 2011, 1. Rang; Ausführung 2014–2016

Die organisatorischen und räumlichen Bedürfnisse der Schule Felsberg in Luzern machten gleichzeitig mit der Sanierung der bestehenden Anlage eine Erweiterung des Ensembles notwendig. Der Neubau, welcher zwei Kindergärten sowie einem Betreuungsangebot Platz bietet, konnte innerhalb der vorhandenen Gartenanlage inmitten des geschützten Baumbestands positioniert werden und nimmt mit seiner Volumetrie die verspielte Formensprache des bestehenden Gebäudes auf. Die Positionierung der zueinander leicht verdrehten und zurückspringenden Geschosse des Erweiterungsbaus tangiert die angrenzenden Mammutbäume weder in den Wurzelbereichen noch in den Baumkronen.

Die Kindergärtner, Schüler und Betreuungspersonen betreten den Bau über ein grosszügiges Entrée im massiven Natursteinsockel. Eine Treppenanlage mit Oberlicht stellt die Verbindung zwischen den Geschossen her und bringt Licht bis in den Eingangsbereich. Fünf massive Kerne definieren jeweils die Raumabfolge der fliessenden Grundrisse in den Obergeschossen. Mittels ausziehbarer Trennwände und mobiler Elemente lassen sich je nach Bedarf offene wie auch geschützte Raumsituationen schaffen. Im Gegensatz zum introvertierten Sockelgeschoss öffnen sich die beiden oberen Geschosse rundum zur Umgebung und werden mit Licht durchflutet. Die allseitige Orientierung ermöglicht Ausblicke in die umliegenden Bäume, die Parkanlage und auf die Stadt.

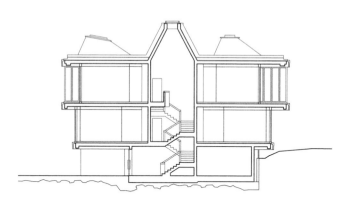

10 m

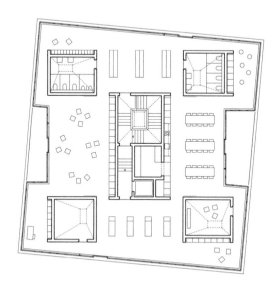

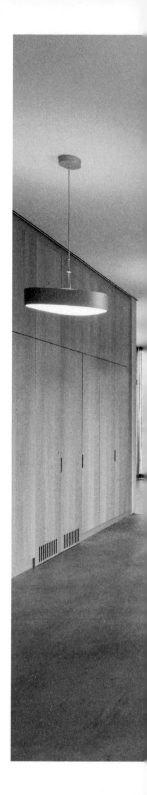

Sporthalle, Matzendorf
Wettbewerb 2013, 1. Rang; Ausführung 2015–2016
Arbeitsgemeinschaft mit Savioni Kuithan Architekten, Zürich

Der Neubau einer Sporthalle für die Gemeinde Matzendorf funktio-
niert als Ergänzung der bestehenden Anlage öffentlicher Bauten und
schliesst die Lücke zwischen dem Pfarrheim und dem Oberstufen-
schulhaus. Die stattliche Kubatur mit dem flach geneigten Dach verleiht dem Gebäude eine Präsenz, welche den öffentlichen Charakter
widerspiegelt. Gleichzeitig schafft die Aufnahme der vorherrschenden
Firstrichtung einen Bezug zur bestehenden Dorfstruktur und bettet
den Bau in den Gesamtkontext ein. Der Hauptzugang liegt auf der
dorfnahen Westseite und bietet mit seinem überdachten Vorbereich
sowie dem angrenzenden Spielplatz die Möglichkeit, Veranstaltungen
in den Aussenbereich zu erweitern.
Im Erdgeschoss des Neubaus befinden sich die Sporthalle, das Foyer
und die Nebenräume. Im Obergeschoss sind die Garderoben untergebracht, welche über eine Zuschauergalerie erschlossen sind. Die Halle
ist auf der Nordseite grosszügig verglast, was eine blendfreie Belich-
tung des Spielfelds erlaubt sowie den Blick zur nahen Jurakette freigibt.
Das Gebäude besteht aus einer Holzkonstruktion auf einem Beton-
fundament. Für die Tragstruktur wurden traditionelle Handwerksprak-
tiken und Holzverbindungen mit zeitgemässen Produktionstechniken
und Vorfabrikationsverfahren kombiniert.

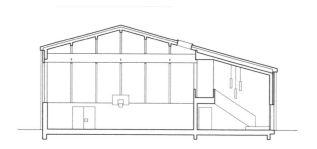

10 m

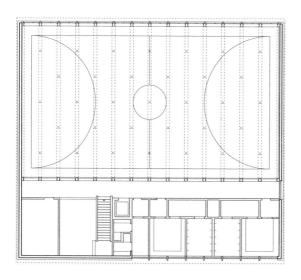

Umbau Predigerchor Zentralbibliothek, Zürich
Ausführung 2014
Ausstellungsarchitektur von Gasser Derungs Innenarchitekturen

Die Predigerkirche mit dem dazugehörigen Chor zählt zu den prägenden Bauten der Stadt Zürich. Neue funktionale und technische Anforderungen sowie erhöhte Ansprüche an die Ausstellungsräume veranlassten die Zentralbibliothek Zürich zu einem Umbau ihrer Räumlichkeiten im Predigerchor. Die Erschliessungssituation wurde im Zuge der Erneuerung grundlegend umorganisiert und mit einem einladenden Entrée aufgewertet. Nun gelangen die Besucher über eine repräsentative Aussentreppe aus dem Bibliothekshof direkt in das Foyer mit dem Empfangsbereich.

Ein renoviertes und von verunklärenden Einbauten befreites Treppenhaus sowie ein behindertengerechter Personenaufzug machen sämtliche Geschosse inklusive der Musikabteilung für die Mitarbeiter und das Publikum zugänglich. Die Gestaltung des Innenraums und das Ausstellungskonzept der «Schatzkammer» wurden neu konzipiert. Sämtliche Exponate sind in modularen Ausstellungsvitrinen sowie in Wandnischen ausgeleuchtet und kommen so zur Geltung.

Für den Umbau waren aufwendige Abgrabungen im archäologisch bedeutenden Bestand und Eingriffe in die denkmalgeschützte Substanz notwendig. Diese Arbeiten erfolgten in enger Abstimmung mit den zuständigen Behörden. Neben dem möglichst weitgehenden Erhalt der materiellen Bausubstanz wurde auch dem baulichen Zusammenhang, in welchen die additiven neuen Strukturen zu stehen kamen, grosse Aufmerksamkeit geschenkt.

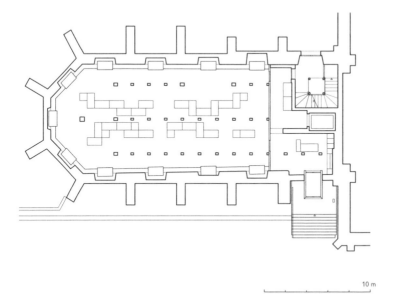

10 m

Kirchgemeindehaus, Würenlos
Wettbewerb 2012, 1. Rang; Ausführung 2012–2013

Um ihren veränderten Raumbedürfnissen entsprechen zu können, schrieb die Evangelisch-Reformierte Kirchgemeinde Würenlos einen Projektwettbewerb für den Neubau eines Gemeindehauses aus. Innerhalb des bestehenden Friedhofs durfte ein ehemaliges Gräberfeld bebaut werden. Das neue Haus passt sich als Teil des Gesamtensembles in die vorhandene Struktur des Friedhofgeviers ein. Die Überreste von 60 bereits aufgelösten Gräbern wurden vor den Baumassnahmen behutsam exhumiert und in ein Gemeinschaftsgrab umgebettet.
Während sich Kontur und Farbigkeit an dem bestehenden Kirchenbau orientieren, sorgen Konstruktion und Materialität des Gemeindehauses für einen eigenständigen Ausdruck, ohne den besinnlichen Ort zu dominieren. Die Konstruktion aus vorfabrizierten Holzbauelementen ermöglichte einen optimierten Bauprozess und erlaubte ein Aufrichten des oberirdischen Gebäudeteils innerhalb weniger Tage. Die Gebäudehülle besteht aus den natürlich alternden Materialien Holz und Kupfer.
Die innere Organisation des Gemeindehauses ist den Nutzungsanforderungen entsprechend gestaltet. Im Erdgeschoss des Neubaus befinden sich mit Pfarramt, Besprechungsraum, Diakonie und Sekretariat die Räumlichkeiten, welche in alltäglicher Benutzung stehen. Im Obergeschoss sind zwei unterschiedlich grosse Gemeinschaftsräume für Veranstaltungen untergebracht.

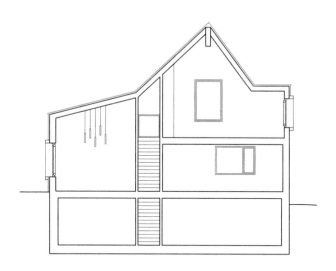

5 m

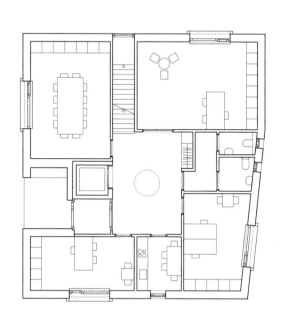

34

Oberstufenschulhaus, Matzendorf
Wettbewerb 2008, 1. Rang; Ausführung 2008–2009
Arbeitsgemeinschaft mit Savioni Architekten, Zürich

Der Erweiterungsbau für das Oberstufenzentrum in Matzendorf situiert sich südwestlich des bestehenden Schulhauses aus den 1960er-Jahren. Durch die um 90 Grad gedrehte Stellung der Eingangsfassade entsteht vor den beiden Gebäuden ein zentraler Dorf- und Pausenplatz, welcher unterschiedlichen Nutzern offensteht. Der Neubau verdichtet die Schule innerhalb der bestehenden Bauten, die Baulandreserve blieb erhalten. Ein gedeckter Quergang verbindet die Erweiterung mit dem Bestand und akzentuiert zugleich den neuen Eingangsbereich. Eine zurückhaltende Kubatur mit flachem Satteldach, welche durch grosse gerahmte Öffnungen gegliedert wird, bestimmt den architektonischen Ausdruck des Schulgebäudes.

Die innere Organisation des Schulhauses ist funktional und übersichtlich gestaltet. Die sechs Klassenzimmer und das Lehrerzimmer positionieren sich über zwei Geschosse um einen Pausen- und Garderobenbereich mit zenitalem Oberlicht. Der zentrale Erschliessungsraum wird von zwei skulptural wirkenden Treppenläufe strukturiert. Jeweils zwischen zwei Klassenzimmern sind die Gruppen- und Vorbereitungsräume angeordnet. Die Gruppenräume schaffen eine räumliche Erweiterung der Pausenbereiche im Erd- und Obergeschoss. Ihre grosszügigen Öffnungen inszenieren sowohl die Aussicht nach Süden als auch den Bezug zum neuen Platz im Norden.

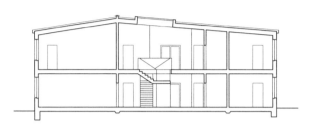

10 m

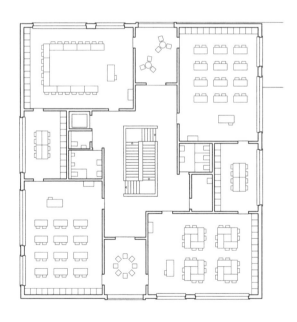

Erneuerung Westflügel Bahnhof Basel SBB
Wettbewerb 2007, 1. Rang; Ausführung 2016–2021
Arbeitsgemeinschaft mit Patrick Roost Planung Architektur, Zürich

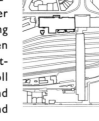

Der Bahnhof Basel SBB erfüllt bis heute die Funktion eines Grenz-
bahnhofs und ist mit 120.000 täglichen Personenfrequenzen einer der
grössten Bahnhöfe der Schweiz. Mit einer umfassenden Erneuerung
soll sich der Bahnhof in Zukunft verstärkt zu einem multifunktionalen
Ort entwickeln. Aktueller Handlungsbedarf besteht vor allem im Westflügel des denkmalgeschützten Aufnahmegebäudes. Langfristig soll
dieser durch die Schaffung und Erweiterung attraktiver Einkaufs- und
Dienstleistungsangebote als kommerzieller Standort positioniert und
gleichzeitig als qualitätsvoller Aufenthaltsort gefestigt werden.
Die geplante Rekonstruktion des zweigeschossigen Quergangs im Erdgeschoss spielt eine zentrale Rolle als massstabsgerechte Verbindung
zwischen der Haupthalle des Bahnhofs und der Halle im Westflügel.
Letztere wird von den bestehenden Zolleinbauten befreit, um die an-
liegenden Räume wieder nutzen zu können. Die Säle der ursprünglichen
Bahnhofsgastronomie sowie die beiden Wartesäle bleiben in ihrer historischen Substanz erhalten. An der Südfassade ist unter dem Perron-
dach eine Art Wintergarten geplant, welcher als erweiterte Nutzflä-
che mit Bezug zu den Gleisen dient. Im Untergeschoss sorgt eine
grossflächige Unterkellerung der historischen Substanz für die neue
Verkaufsfläche eines Supermarkts. Um die bestehenden Lichthöfe in den
Obergeschossen können zusätzliche Dienstleistungsflächen angebo-
ten werden.

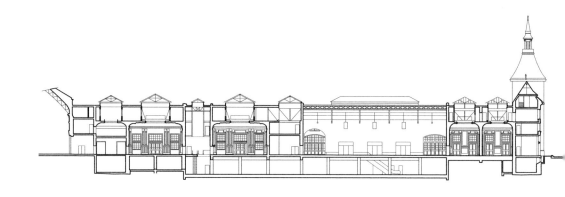

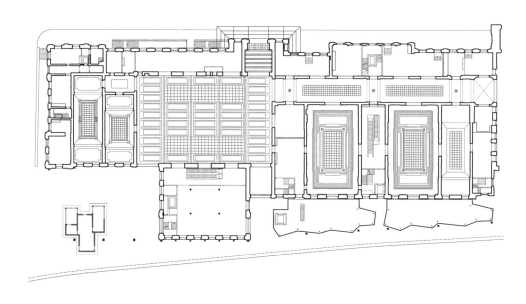

Wohnüberbauung Hofacher, Kaisten

Wettbewerb 2012, 1. Rang
Arbeitsgemeinschaft mit Savioni Kuithan Architekten, Zürich

Das Baugebiet «Hofacher» befindet sich zwischen dem historischen Dorfkern von Kaisten und einem Einfamilienhausquartier auf dem Lümberg. Eine starke Hangneigung im westlichen Bereich der Parzelle und der querende Kaisterbach prägen und gliedern die Topografie des Orts. Der tiefere Bereich des Areals, östlich und westlich des Bachs, wird als zusammenhängendes Gebiet interpretiert und mit fünf Mehrfamilienhäusern bebaut. Das Gewässer bildet dabei keine räumliche Trennung, sondern bereichert den Ort als zentrales Element. Die dreigeschossigen Baukörper mit Attika sind verstreut auf den Parzellen positioniert und bilden eine offene, durchlässige Bebauungsstruktur, welche der Weitläufigkeit des Geländes Rechnung trägt und jeder Einheit angemessene Freiflächen bietet. Die in Holzbauweise geplanten Mehrfamilienhäuser weisen insgesamt 45 Wohnungen auf.

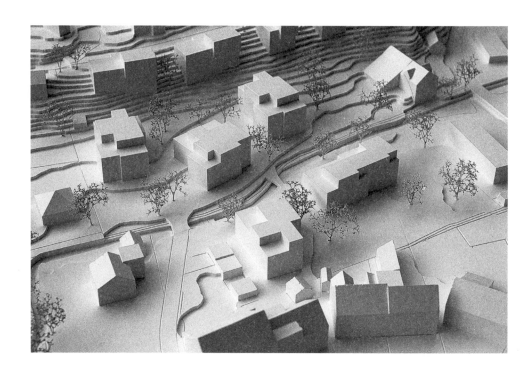

10 m

Kirchgemeindesaal, Rüti
Studienauftrag 2014

Die Evangelisch-Reformierte Kirchgemeinde Rüti plant eine Zusammenführung der öffentlich genutzten Räumlichkeiten in der Nähe des Kirchengebäudes. Durch den Umbau des alten Pfarrhauses sowie den Neubau eines Gemeindesaals im Pfarrgarten soll ein Kirchenzentrum im Ortskern entstehen. Die Setzung des Neubaus knüpft an die räumlichen Qualitäten der Anlage an. In seiner kompakten Gestaltung positioniert er sich entlang der Parzellengrenzen und beeinträchtigt aufgrund seines maximalen Abstands zum Bestand die Wirkung und Präsenz des alten Pfarrhauses als Hauptbau weder räumlich noch volumetrisch. Typologisch orientiert sich der geplante Neubau an frei stehenden Pavillonbauten. Zudem klingt in der Einbettung in den Grünraum und in der Anordnung der grossformatigen Sprossenfenster die Atmosphäre ehemaliger Orangeriebauten in alten Klosteranlagen an.

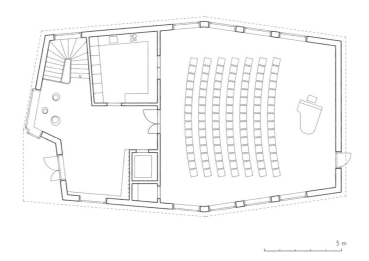

Erweiterung Bezirksanlage, Winterthur
Wettbewerb 2015, 3. Rang

In der erweiterten Bezirksanlage Winterthur sollen diverse Institutionen des Kantons sowie ein neues Gefängnis als eigenständige Betriebseinheiten mit räumlichen Synergien organisiert werden. Das Projekt knüpft städtebaulich an die in Winterthur vor allem entlang der Gleisfelder verbreitete Typologie der Industrieareale an. Das übergeordnete Thema bildet die Positionierung von langen und schmalen Baukörpern, die rechtwinklig zueinander versetzt sind und ohne Ausbildung von Abstandszonen direkt in die Aussenflächen übergehen. Der Altbau des Bezirksgebäudes bleibt bestehen und erhält als Erweiterung einen gleich hohen Verwaltungsbau. Der von der Verwaltungsnutzung separierte Neubau des Gefängnisses wird parallel zum Bestandsbau entlang der Gleise positioniert und schafft zwischen den Gebäuden Raum für Belichtungshöfe und einen Anlieferungshof.

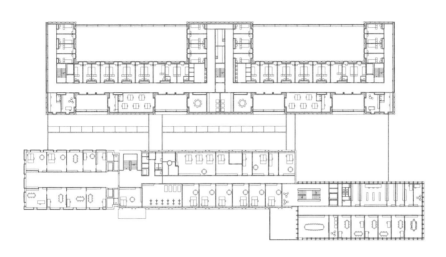

20 m

Bezirksgericht, Meilen
Wettbewerb 2016, 3. Rang

Auf dem Areal der Bezirksanlage in Meilen soll ein Neubau die öffentlichen Funktionen des Gerichts aufnehmen. Das Projekt ergänzt das vorhandene Ensemble um ein dreigeschossiges Gebäude mit quadratischer Grundfläche, welches als eigenständiges Volumen positioniert ist. Die Setzung erzeugt einen Vorplatz, der dem Gebäude einen angemessenen Auftritt verleiht. Die innere Welt des Neubaus ist auf eine klare Organisation und Wegführung ausgerichtet. Nach dem Eingangsbereich betritt der Besucher ein Foyer, an welches die notwendigen Nebenräume angrenzen. Eine zentral an der Fassade gelegene Treppe führt in die beiden Obergeschosse zu den Wartebereichen für das Publikum. Diese hell gestalteten Zonen öffnen sich grosszügig zum Aussenraum. Im Gegensatz dazu strahlen die mit Holz ausgekleideten und zenital belichteten Gerichtssäle eine introvertierte Stimmung aus.

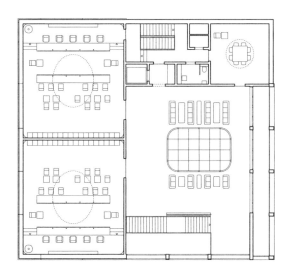

10 m

Wohnüberbauung Tüfwis, Winkel
Wettbewerb 2016, 3. Rang

Die Wohnüberbauung «Tüfwis» liegt am südlichen Rand des Dorfs Winkel und ist stark geprägt von einem einheitlichen Erscheinungsbild. Mit der Überführung der Siedlung in den nächsten Lebenszyklus strebt die Eigentümerin einen Ersatz der meisten Mehrfamilienhäuser durch Neubauten an. Die im Projekt geplante Setzung dieser Bauten passt sich ortsbaulich in das bestehende Areal ein, ohne die identitätsstiftenden Freiräume des Quartiers aufzulösen und seine Durchlässigkeit zu beeinträchtigen. Um die vorgefundenen Potenziale des Grundstücks zu nutzen, sind vier neue Gebäude mit insgesamt 109 Wohnungen konzipiert, welche sich in ihrer Massstäblichkeit an die Ursprungsbebauung anlehnen. Die nutzungsbedingte Unterteilung der Blöcke in einzelne Kubaturen ermöglicht eine harmonische Staffelung der Bauten in das Gelände sowie eine Ausrichtung der Gebäude nach Südwesten.

Werkverzeichnis
Auswahl Bauten, Projekte und Wettbewerbe

2005		Wettbewerb Neubau Mehrzweckhalle, Berneck; 2. Rang
		(mit Christian Bühlmann, Zürich)
		Wettbewerb Erweiterung Alters- und Pflegeheim, Dietikon; 3. Rang
		Wettbewerb Neubau Kongresszentrum, Interlaken; 3. Rang
		Umbau Altstadthaus, Baden
2006		Wettbewerb Neubau Oberstufenschulhaus, Kaisten; 1. Rang
		(mit Savioni Architekten, Zürich)
2007		Wettbewerb Masterplan Bahnhof Basel SBB; 1. Rang
		(mit Patrick Roost Planung Architektur, Zürich)
		Wettbewerb Neubau Schulanlage mit Sporthalle, Wartau; 3. Rang
2008		Wettbewerb Neubau Feuerwehrgebäude, Muri; 2. Rang
2009		Neubau Oberstufenschulhaus, Matzendorf; Wettbewerb 2008; 1. Rang
		(mit Savioni Architekten, Zürich)
		Neubau Einfamilienhaus, Wettingen
		Umbau Einfamilienhaus, Zürich
2010	1	Wettbewerb Erweiterung Primarschulhaus, Münchwilen; 2. Rang
		(mit Savioni Architekten, Zürich)
		Wettbewerb Erweiterung Schulanlage, Egnach; 4. Rang
		Umbau Privatklinik, Wettingen

1

2

2011	Wettbewerb Erweiterung Universitätsgebäude, Zürich; 2. Rang

2011   Wettbewerb Erweiterung Universitätsgebäude, Zürich; 2. Rang
Umbau Dachgeschoss Haus Konstruktiv, Zürich

2012   Wettbewerb Wohnüberbauung Hofacher, Kaisten; 1. Rang
(mit Savioni Kuithan Architekten, Zürich)
Wettbewerb Neubau Wohnheim, Gümligen; 2. Rang
(mit Patrick Roost Planung Architektur, Zürich)
Wettbewerb Wohnüberbauung Brünnen, Bern; 3. Rang
Wettbewerb Wohnüberbauung Zwicky-Areal, Dübendorf

2013   Neubau Kirchgemeindehaus, Würenlos; Wettbewerb 2012; 1. Rang
2   Wettbewerb Neubau Primarschulhaus, Oberentfelden; 1. Rang
(mit Savioni Kuithan Architekten, Zürich)
Wettbewerb Erweiterung Schulanlage, Killwangen; 2. Rang

2014   Studienauftrag Umbau Pfarrhaus und Neubau Kirchgemeindesaal, Rüti
Umbau Predigerchor, Zentralbibliothek Zürich

2015   Wettbewerb Erweiterung Bezirksanlage, Winterthur; 3. Rang
3   Wettbewerb Erweiterung Schulanlage, Eschlikon; 4. Rang

2016   Erneuerung Schulanlage Felsberg, Luzern; Wettbewerb 2011; 1. Rang
Neubau Sporthalle, Matzendorf; Wettbewerb 2013; 1. Rang
(mit Savioni Kuithan Architekten, Zürich)
Erneuerung Westflügel Bahnhof Basel SBB; in Projektierung
(mit Patrick Roost Planung Architektur, Zürich)
Wettbewerb Wohnüberbauung Tüfwis, Winkel; 3. Rang
4   Wettbewerb Wohnüberbauung Gristenbühl, Egnach; 3. Rang
Wettbewerb Neubau Bezirksgericht, Meilen; 3. Rang

3

4

Oliver Menzi

1974	geboren in Muri
1994–2000	Architekturstudium ETH Zürich
1998–1999	College of Architecture, Ahmedabad, Indien
2001	Diplom ETH Zürich bei Prof. Hans Kollhoff
2001	Mitarbeit im Atelier Peter Zumthor, Haldenstein
2002–2003	Mitarbeit bei Selldorf Architects, New York, USA
seit 2003	Menzi Bürgler Architekten, Zürich

Philippe Bürgler

1974	geboren in Wettingen
1995–2000	Architekturstudium ETH Zürich
1998	Mitarbeit am «Project Satellite City», Khartoum, Sudan
1999	ETH Studio Basel, Herzog & de Meuron
2001	Diplom ETH Zürich bei Prof. Adrian Meyer
2001–2002	Mitarbeit an der Planung «EXPO.02», Arteplage Biel
seit 2003	Menzi Bürgler Architekten, Zürich

Mitarbeiter/-innen	Lorenz Dahinden, Christoph Ramisch, Bettina Ries
	Ehemalige: Thanh Tam Huynh, Nathalie Roth, Isabella Schmidt
	Arbeitsgemeinschaft mit Patrick Roost Planung Architektur:
	Kristina Cova, Thomas Fischer, Francisco García , Andreas Lober
	Ehemalige: Carmen Frerich, Mirjana Karamousli, Lukas Müller
	Arbeitsgemeinschaft mit Savioni Kuithan Architekten:
	Ehemalige: Günter Retelstorf, Johannes Schafitel

Finanzielle und ideelle Unterstützung

Ein besonderer Dank gilt den Institutionen und Sponsorfirmen, deren finanzielle Unterstützung wesentlich zum Entstehen dieser Publikation beigetragen hat. Ihr kulturelles Engagement ermöglicht ein fruchtbares Zusammenwirken von Baukultur, öffentlicher Hand, privater Förderung und Bauwirtschaft.

AS Aufzüge AG, Küssnacht a. Rigi; Egli Gartenbau AG, Sursee; Franke Water Systems AG, KWC, Unterkulm; Müller.Bucher AG Ingenieure FH Gebäudetechnik, Zürich; newcopystore, Amriswil

MÜLLER-STEINAG Gruppe, Rickenbach

Huber Fenster AG, Herisau + Horgen

Rigips AG, Mägenswil

Schindler Aufzüge AG, Ebikon

Eternit (Schweiz) AG, Niederurnen

Jos. Berchtold AG, Zürich-Höngg

Röösli AG, Fehraltdorf

VELUX Schweiz AG, Trimbach

Forbo Giubiasco SA, Giubiasco

Kästli & Co. AG, Belp-Bern

Sarna-Granol AG, Sarnen

Zentralbibliothek Zürich, Zürich

Glutz AG, Solothurn

Lift AG, Regensdorf

schaerholzbau ag, Altbüron

ZIMMEREI-HOLZBAU Meier + Brunner AG, Laupersdorf

Quart Verlag Luzern

Anthologie – Werkberichte junger Architekten

34   Menzi Bürgler (dt; extra sheet with English translation)
33   Fiechter & Salzmann (dt; extra sheet with English translation)
32   Roman Hutter (dt; extra sheet with English translation)
31   Alexandre Clerc (dt; fr; extra sheet with English translation)
30   Büro Konstrukt (dt; extra sheet with English translation)
29   Blättler Dafflon (dt; extra sheet with English translation)
28   Amrein Herzig (dt; extra sheet with English translation)
27   Rapin Saiz (dt; extra sheet with English and French translation)
26   Frei + Saarinen (dt; extra sheet with English translation)
25   Edelmann Krell (dt; extra sheet with English translation)
24   Localarchitecture (dt; extra sheet with English and French translation)
23   horisberger wagen (dt; extra sheet with English translation)
22   phalt (dt; extra sheet with English translation)
21   Kunz und Mösch (dt; extra sheet with English translation)
20   Rolf Meier, Martin Leder (dt; extra sheet with English translation)
19   Philipp Wieting – Werknetz Architektur (dt; extra sheet with English translation)
18   frundgallina (dt; extra sheet with English translation)
17   Thomas K. Keller (dt; extra sheet with English translation)
16   Durrer Linggi (dt; extra sheet with English translation)
15   Allemann Bauer Eigenmann (dt; extra sheet with English translation)
14   Baserga Mozzetti (dt; extra sheet with English and Italian translation)
13   OOS (dt; extra sheet with English translation)
12   UNDEND (dt; extra sheet with English translation)
11   Corinna Menn (dt; extra sheet with English translation)
10   Michael Meier und Marius Hug (dt; extra sheet with English translation)
9   BDE Architekten (dt; extra sheet with English translation)
8   weberbrunner (dt; extra sheet with English translation)
7   huggenbergerfries (dt; extra sheet with English translation)
6   Müller Sigrist (dt)
5   Beda Dillier (dt)
4   Bünzli & Courvoisier (dt; extra sheet with English translation)
3   Peter Kunz (dt; extra sheet with English and Italian translation)
2   Buchner Bründler (dt; extra sheet with English translation)
1   Niklaus Graber & Christoph Steiger (dt; extra sheet with English translation)

Quart Verlag GmbH, Heinz Wirz, CH-6006 Luzern
books@quart.ch, www.quart.ch